CRISTIANISMO para POLICIAIS

Cumprir a missão sem errar o alvo

CRISTIANISMO para POLICIAIS

Cumprir a missão sem errar o alvo

Ozéas Lucas

Cristianismo para policiais
Cumprir a missão sem errar o alvo
por Ozéas Lucas
© Publicações Pão Diário, 2021
Todos os direitos reservados.

Preparação de texto: Carlos Fernandes
Revisão: João Rodrigues Ferreira, Nataniel Gomes, Wagner Azevedo
Diagramação: Pedro Simas
Capa: Audrey Novac Ribeiro

Para qualquer comentário ou dúvida sobre este produto, escreva para ozeasluccas@gmail.com

Proibida a reprodução total ou parcial, sem prévia autorização, por escrito, da editora. Todos os direitos reservados e protegidos pela Lei 9.610, de 19/02/1998.

Publicações Pão Diário
Caixa Postal 4190
82501-970 Curitiba/ PR, Brasil
publicacoes@paodiario.org
www.publicacoespaodiario.com.br
Telefone: (41) 3257-4028

Código: E9737
ISBN: 978-65-87506-34-0

1.ª impressão 2021

Impresso no Brasil

"Se o Senhor não guardar a cidade, debalde vigiam as sentinelas."
(Salmos 127.1)

| SUMÁRIO

DEDICATÓRIA 11

AGRADECIMENTOS 13

SOBRE O ESCRITOR 15

PREFÁCIO 17

INTRODUÇÃO 23

PRÓLOGO - OS TRÊS CONSELHOS
DO PROFETA AOS POLICIAIS 27

1 - UM POLICIAL QUE DEIXOU
JESUS MARAVILHADO 33

2 - POLICIAL É AUTORIDADE
ORDENADA POR DEUS 37

3 - OS POLICIAIS NO GÓLGOTA 41

4 - O POLICIAL CHAMADO CORNÉLIO 45

5 - A FRAQUEZA DO GENERAL 47

6 - DEUS OU DEMÔNIO? 55

7 - VITÓRIA SOBRE A MORTE! NOSSA GLÓRIA
    PROMETIDA! 63

8 - POLICIAIS ATERRORIZADOS 67

TESTEMUNHOS DE POLICIAIS DO BOPE 73

REFERÊNCIAS BIBLIOGRÁFICAS 88

O propósito pelo qual escrevi este livreto não é para que você se torne mais um evangélico ou um religioso. Absolutamente, não; e sim para que você conheça o único Deus verdadeiro, e a Jesus Cristo, a quem o Senhor enviou, pois nisto consiste a vida eterna.

"E a vida eterna é esta: que te conheçam, a ti só, por único Deus verdadeiro, e a Jesus Cristo, a quem enviaste."
(João 17.3)

DEDICATÓRIA

Esta obra é dedicada, com gratidão, a todos os policiais, homens e mulheres, que batalham diuturnamente, com bravura sem igual, nos campos minados pela violência nas cidades do nosso Brasil.

"Bendito seja o Senhor, minha rocha, que adestra minhas mãos para a batalha e os meus dedos para a guerra."
(Salmos 144.1)

Agradecimentos

Muita gente boa contribuiu para que este livro chegasse às suas mãos, querido leitor – inclusive, um brilhante escritor que se declara ateu (ele escreveu 23 dicionários).

Ainda estendo os agradecimentos a toda equipe que editou este livro, pois trabalharam com diligência e não cobraram nada.

Ao Senhor Jesus e a todos vocês que, de uma forma ou outra, cooperaram para que Cristianismo para policiais fosse uma realidade, minha sincera gratidão!

Sobre o escritor

Ozéas Lucas é 2º Sargento Policial Militar e está há 17 anos na Polícia Militar do Estado do Rio de Janeiro, sendo 16 deles, no BOPE. Casado com Andreia há 20 anos, e pai de três filhos, Rebeca, Isabella e André Lucas. Ele se converteu ao Evangelho de Cristo Jesus em 1996, e desde então, tem experimentado uma transformação sobrenatural realizada pelo Senhor Jesus, através de seu Santo Espírito. Membro da União Evangélica da PMERJ, é dirigente da Congregação Evangélica do BOPE. Ozéas é Evangelista da Igreja Vivendo em Graça.

Prefácio

Quando recebi o convite do autor para escrever o prefácio de *Cristianismo para policiais*, senti-me honrado e, ao mesmo tempo, temeroso por não ser capaz de abordar o assunto de forma satisfatória ao querido leitor. Porém, o Espírito Santo me lembrou de que o amor de Cristo por mim não é medido pelo meu desempenho, mas pela pura graça e misericórdia de Deus Pai (Efésios 2.8-9). Afinal, é o Senhor mesmo quem diz que "obedecer é melhor do que o sacrificar" (1Samuel 15.22). Peço a Deus que eu consiga ajudar cada leitor a observar o contexto em que nós, policiais militares – como todos os seres humanos –, nos encontramos e levá-los a meditar sobre como está a nossa situação com relação a Deus nessa profissão primordial para uma sociedade organizada e civilizada, porém tão polêmica em nossos dias.

Quando falamos sobre professar a verdadeira fé cristã e relacioná-la à profissão de policial militar, no contexto brasileiro (e, em nosso caso, no Estado do Rio de Janeiro), pode ficar a impressão de que as duas coisas são como água e óleo: não se misturam. Entretanto, será mesmo que há alguma incompatibilidade entre sermos tementes a Deus, discípulos do nosso Senhor Jesus Cristo, e estarmos inseridos numa profissão que tem um caráter preventivo e repressivo? Mais ainda, inseridos em uma sociedade imersa em uma cultura pós-moderna, com filosofias relativistas e valores éticos e morais cada vez mais degradados em prol do que é considerado "politicamente correto"?

Será que estou desobedecendo à vontade de Deus, uma vez que me arrependi dos meus pecados e o Espírito Santo me converteu a Cristo, tornando-me uma nova criatura nascida de Deus (João 1.13), e continuo sendo um policial? Será que cada um de nós, que envergamos a farda e somos cristãos devotos, conseguimos permanecer irrepreensíveis aos olhos do Senhor, mantendo nossa integridade moral e ética, dentro de uma profissão, que, no nosso contexto, é caracterizada por muita gente corrupta, mal preparada e desprestigiada?

A profissão de policial militar do Rio de Janeiro tem todos os problemas encontrados em qualquer atividade, assim como as respectivas vantagens. Contudo, há certas peculiaridades nesse ofício que são singulares, e uma delas é o chamado "poder de polícia". De acordo com o conceito legal (Artigo 78 do Código Tributário Nacional), tal prerrogativa é definida da seguinte maneira:

> *"Considera-se poder de polícia a atividade da administração pública que, limitando ou disciplinando direito, interesse ou liberdade, regula a prática de ato ou abstenção de fato, em razão de interesse público concernente à segurança, à higiene, à ordem, aos costumes, à disciplina da produção e do mercado, ao exercício de atividades econômicas dependentes de concessão ou autorização do Poder Público, à tranquilidade pública ou ao respeito à propriedade e aos direitos individuais ou coletivos."*

Prefácio

Na prática, com base na lei, podemos impedir o usufruto de direitos básicos do cidadão – isso é um problema quando deturpamos esse conceito, passando de um ato legal e impessoal para uma ação ilegal e pessoal.

A questão principal que quero salientar é que o homem natural (um ser humano que não foi regenerado pelo Espírito Santo), quando se depara com situações em que parece ter controle sobre direitos das outras pessoas, pode cometer erros. Sua natureza pecaminosa aflora demasiadamente, e o poder conferido em nome do Estado para a manutenção da Justiça pode ser mal utilizado. Não se pode, em absoluto, diluir a lei, a moralidade e a ética no conceito filosófico do relativismo – afinal, o que é certo para um pode ser errado para outro. Se o individualismo supera o interesse público, o resultado será desastroso para todos.

Em contrapartida, um ser humano regenerado pelo Santo Espírito do Senhor, movido pelos conceitos cristãos e com suas bases fincadas na Palavra de Deus, encontradas na Bíblia Sagrada – única regra de fé e prática para verdadeiros discípulos de Jesus –, se depara nesse contexto relativista. Diante disso, o que fazer? Como se portar? E como, exercendo uma profissão tão polêmica, posso me manter sendo um discípulo de Jesus Cristo?

Com todas essas questões, será que posso dizer que essa profissão de policial é algo de que Deus se agrada? A resposta a essa particular questão está na epístola de Paulo aos Romanos, capítulo 13, dos versículos 1 a 7, em que o apóstolo diz:

> *Todo homem esteja sujeito às autoridades superiores; porque não há autoridade que não proceda de Deus; e as autoridades que existem foram por ele instituídas. De modo que aquele que se opõe à autoridade resiste*

> à ordenação de Deus; e os que resistem trarão sobre si mesmos condenação.
> Porque os magistrados não são para temor, quando se faz o bem, e sim quando se faz o mal. Queres tu não temer a autoridade? Faze o bem e terás louvor dela, visto que a autoridade é ministro de Deus para teu bem. Entretanto, se fizeres o mal, teme; porque não é sem motivo que ela traz a espada; pois é ministro de Deus, vingador, para castigar o que pratica o mal.
> É necessário que lhe estejais sujeitos, não somente por causa do temor da punição, mas também por dever de consciência. Por esse motivo, também pagais tributos, porque são ministros de Deus, atendendo, constantemente, a este serviço. Pagai a todos o que lhes é devido: a quem tributo, tributo; a quem imposto, imposto; a quem respeito, respeito; a quem honra, honra.

Ou seja, o Espírito Santo, por intermédio do apóstolo, diz que sim: a profissão policial, assim como toda autoridade constituída, é ordenada por Deus, para prover a justiça e a segurança de uma nação. A função do policial é uma profissão linda, abnegada e altruísta, sendo uma extensão do "braço de Deus" para trazer a ordem e o convívio harmonioso a uma sociedade de pecadores.

Contudo, mesmo sendo contemplados com essa aprovação divina quanto à nossa profissão, como podemos, enquanto cristãos, lidar com as tentações, dificuldades e investidas malignas que existem contra nós? Este livro, escrito pelo evangelista e meu irmão em Cristo Ozéas, irá expor, biblicamente, como Deus nos capacita em Cristo Jesus, instruindo-nos e guardando-nos para vivermos nessa profissão de maneira que dignifique o santo nome do Senhor. Espero, em Cristo, que o que está escrito aqui possa trazer paz e luz ao seu coração, mesmo em meio ao conflito em que vivemos.

Que a graça de Deus Pai, o amor de Jesus Cristo, seu Filho, e o poder do Espírito Santo estejam conosco. Amém!

Emerson de Sant'Anna Silva
2º Sargento PM

Introdução

Em certa ocasião, estávamos em uma viatura e surgiu um papo muito edificante entre mim e um sargento, daqueles *antigões*, do Batalhão de Operações Policiais Especiais (BOPE). A certa altura, ele começou a falar que estava sem esperanças. "Para mim, não há mais salvação", suspirou, para em seguida confessar que era um grande pecador. Ele se sentia perdido e achava que, por esse motivo, Deus não queria nada com ele. Então, disse a ele que o Senhor o amava muito, e garanti que foi o próprio Deus quem proporcionou aquela inusitada conversa dentro da viatura, naquele dia e naquela hora. Ele reagiu pensativo, ficando em silêncio.

Assim como aquele companheiro de farda, muitos ainda não sabem, mas Jesus não veio para os justos ou para os perfeitos. Ele veio, justamente, para alcançar aqueles que se acham perdidos. É isso que nos garante o texto de Lucas 5.32: "Eu não vim chamar os justos, mas, sim, os pecadores, ao arrependimento."

Simão Pedro, que foi um discípulo de Jesus – talvez o mais conhecido de todos, também se sentiu afastado do amor de Deus por causa de seus pecados. Pouco antes do início de sua caminhada cristã, ele ficou maravilhado com um milagre que Jesus tinha feito. A Bíblia relata que Pedro era um pescador experiente. Certa vez, porém, passou a noite inteira pescando e não apanhou nada. Na manhã seguinte, ele e seus companheiros estavam frustrados à beira do mar da Galileia, limpando as redes, quando apareceu um jovem pregador. Ele vinha seguido por uma multidão ansiosa por ouvir suas palavras. Era Jesus. Enquanto ele falava, corações eram quebrantados e homens e mulheres com suas almas congeladas eram aquecidas pelo fogo de suas palavras. Ao findar sua palestra, ele chamou Pedro e disse: "Volte à parte mais funda e lance as redes". Pedro tinha motivos de sobra para não acreditar, mas não questionou nem duvidou, apenas obedeceu ao Senhor. Resultado? Eles pescaram tantos peixes que tiveram que pedir ajuda a outras embarcações, pois o barco já estava quase virando.

Diante disso, completamente atônito, Pedro fez uma oração sincera, porém equivocada. Ele prostrou-se aos pés de Jesus dizendo: "Senhor, afasta-te de mim; sou homem pecador" (Lucas 5.8).

Pedro entendeu perfeitamente que era um pecador e confessou isso a Jesus, pedindo que se afastasse dele, porque não se considerava puro para estar na presença do Senhor. Ao passo que Jesus respondeu-lhe: "Não temas; doravante serás pescador de homens." (Lucas 5.10)

A conversa está registrada em Lucas 5.1-11. Enquanto Simão Pedro pediu que Jesus se afastasse dele, o Mestre convidou o pescador para se aproximar e andar ao seu lado, trabalhando em sua seara. Pedro, um homem rude e impulsivo, foi, com o tempo, sendo transformado pela poderosa palavra de Jesus, tornando-se um pregoeiro da justiça, um corajoso propagador do Evangelho.

"Se confessarmos os nossos pecados, Ele é fiel e justo para nos perdoar todos os pecados e nos purificar de qualquer injustiça." (1João 1.9)

Tal como Pedro, que ficou perplexo com as palavras de Jesus, também alguns policiais têm ficado maravilhados ao perceber que a mensagem de Jesus Cristo é muito simples e, ao mesmo tempo, inigualável e muito poderosa. Vejamos abaixo:

A inigualável Palavra de Jesus

Sabemos que Jesus, apesar de ser um homem perfeito - afinal, mesmo diante de tentações as mais diversas, viveu neste mundo sem pecar -, não agradou a todos. Ele é a verdade, e é claro que a verdade incomoda, sobretudo, aqueles que amam a mentira. O bom Pastor também incomodou muitos religiosos de seu tempo, a ponto de os principais sacerdotes e fariseus terem enviado guardas do templo para o prenderem. Esses guardas eram como os policiais da época, responsáveis por manter a ordem. Mas, veja o que aconteceu, quando os superiores indagaram por que não trouxeram o detido: "Vocês ouviram como ele fala? Nunca ouvimos ninguém falar como esse homem" (João 7.46).

A poderosa Palavra de Jesus

Antes de Jesus ser preso, ele foi ao jardim do Getsêmani e ali ficou em fervente oração diante do Pai. O Filho de Deus já sabia muito bem o que iria enfrentar dali a pouco. Logo chegaria Judas, o traidor, conduzindo um grupo de soldados romanos até seu Mestre. Era noite, e eles traziam lanternas, tochas e espadas. Jesus, ciente de tudo que estava para acontecer, saiu para encontrá-los. Corajosamente, apresentou-se perante seus captores e inquiriu sobre quem estavam procurando. Quando responderam que a ordem de prisão era contra Jesus, o Nazareno, ele disse, simplesmente: "Sou eu". Só que algo inesperado aconteceu – o batalhão ficou fora de combate: "Quando os soldados ouviram as palavras que saíram da boca de Jesus, eles recuaram e caíram por terra" (João 18.6).

Interessante que, embora tivesse miríades de anjos à disposição de seu comando, caso quisesse, Jesus estava desarmado. Mesmo assim, não tentou fugir ou resistir à prisão – pelo contrário, tomou a iniciativa. Que audácia de Jesus! Ele estava disposto a enfrentar a situação e não fugir dela. E que poder irradiava das palavras de sua boca! Foi como um campo de força, a ponto de os soldados recuarem e caírem no chão.

O meu anelo e sincera oração, amigo policial, é que você, por intermédio da Palavra de Deus, também seja impactado, assim como Pedro e aquela guarda romana, e tenha sua vida transformada – uma nova vida em Cristo Jesus.

Boa leitura!

PRÓLOGO

Os três conselhos do profeta aos policias

É interessante como, mesmo tendo sido escrita há milhares de anos, a Bíblia tem um recado particular para nós, policiais. Isso também demonstra o cuidado e o amor de Deus para conosco. Antes de Jesus iniciar seu ministério terreno, Deus enviou um grande profeta, um precursor, com a missão de "preparar" o caminho para o Salvador. Esse homem chamava-se João Batista. O Novo Testamento diz que ele ficava ao redor do rio Jordão, pregando um batismo de mudança de vida para perdão de pecados. O símbolo dessa mudança de vida era o batismo em água.

As multidões iam até ele e faziam perguntas: "O que devemos fazer?", inquiriram. "Quem tiver duas mudas de roupa dê uma para alguém", disse o profeta. "E façam o mesmo com a comida" (Lucas 3.10-11).

Alguns cobradores de impostos também queriam ser batizados e perguntaram: "Mestre, o que devemos fazer?". João respondeu: "Nada de extorsão. Cobrem apenas o que a Lei exige" (Lucas 3.12-13).

A pergunta dos policiais da época foi a seguinte: "E, nós o que devemos fazer?". Ao que João Batista respondeu: "Não pratiquem extorsão, nem acusem ninguém falsamente; contentem-se com o seu salário" (Lucas 3.14). Os policiais perguntaram, e João não hesitou em responder com a coragem que é peculiar a um homem de caráter forjado pela própria verdade:

. Não pratiquem extorsão.
. Nem acusem ninguém falsamente.
. Contentem-se com o seu salário.

Observe que, em momento algum, João os orienta a abandonar o seu ofício. Isso refuta a ideia de alguns que afirmam que cristão não pode ser policial. João Batista não concordava com isso, tanto que aconselhou os policiais a serem honestos, disciplinados e equilibrados em todas as ações.

Os mandamentos

Todos os policiais, bem como os visitantes, quando chegam ao BOPE, deparam-se com os onze mandamentos, que estão registrados em uma grande coluna que sustenta o prédio do Batalhão. São eles:

Agressividade controlada
Controle emocional
Disciplina consciente
Espírito de corpo
Flexibilidade
Honestidade
Iniciativa
Lealdade
Liderança
Perseverança
Versatilidade

Estes são mandamentos que, uma vez colocados em prática, servem como a coluna que sustenta uma vida próspera e equilibrada. Os dois primeiros princípios talvez sejam os mais importantes, pois dizem respeito ao autocontrole, ou seja, o controle de si próprio, que é indispensável a qualquer ser humano. Aqueles que possuem essa capacidade têm tudo para serem bem-sucedidos na vida. São pessoas equilibradas, que pensam antes de agir e sabem como reagir de forma sensata diante de provocações insanas e descabidas. Domínio próprio, afinal de contas, é fruto do Espírito, dos quais o apóstolo Paulo fala em sua epístola aos Gálatas.

Há certo tempo, foi feito um estudo pormenorizado entre 160 mil detentos das penitenciárias dos Estados Unidos e revelou-se um fato surpreendente: nada menos que 92% desses infelizes homens e mulheres estavam na prisão porque lhes faltou o autocontrole necessário para direcionar as suas energias de modo construtivo.[1]

Eu me lembro de que, quando era mais jovem, estava numa partida de futebol onde havia um policial jogando. Provocado por um adolescente problemático, aquele agente, para não perder a cabeça, preferiu sair da quadra, abandonando a partida. Ele poderia reagir de outra forma, mas decidiu simplesmente abandonar o jogo, evitando, assim, uma possível desgraça. O mais interessante foi que, depois de alguns anos, os dois se tornaram amigos.

Porém, quantas pessoas não têm tido semelhante equilíbrio e se deixado levar, perdendo a cabeça e ficando completamente desequilibradas por coisas tão banais e fúteis, simplesmente por não terem controle emocional? Quantas oportunidades valiosas foram desperdiçadas, quantos relacionamentos foram finalizados, quantas alianças quebradas, quantas intrigas

---

1 HILL, Napoleon. *A Lei do Triunfo*, p. 341.

e desavenças entre famílias nasceram por falta de domínio-próprio? Obviamente, não é tão fácil controlar as emoções, ainda mais diante de situações tensas e delicadas. Contudo, a Bíblia nos direciona, por meio dos seus ensinos, a lançarmos todas as nossas ansiedades diante de Deus, em oração, pois ele realmente cuida de nós.

O sexto mandamento do policial do BOPE é a honestidade. Tal palavra, tão desgastada hoje em dia, indica a qualidade de ser verdadeiro: não mentir, não fraudar, não enganar. Quanto à etimologia, a expressão tem origem no latim *honos*, que remete a ideias como dignidade e honra. A honestidade pode ser uma característica de uma pessoa ou instituição, no sentido de falar a verdade, não omitir, não dissimular. O indivíduo que é honesto repudia a malandragem e a esperteza de querer levar vantagem em tudo. Atualmente, o conceito de honestidade está meio deturpado, uma vez que os indivíduos que agem corretamente são chamados de "caretas" ou são humilhados por outros.[2]

Eu me lembro do ilustre texto de Rui Barbosa, que se encontra tão atualizado: "De tanto ver crescer a injustiça, de tanto ver agigantar-se o poder nas mãos dos maus, o homem chega a rir-se da honra, desanimar-se de justiça e ter vergonha de ser honesto."

Jamais devemos nos constranger por agir com honestidade. Lembro-me de uma frase marcante, estampada no vidro traseiro do carro do cabo Tito, do BOPE, e que inclusive foi tema de uma nota do jornalista Ancelmo Gois, em sua coluna no jornal *O Globo*:

"Não tenha vergonha de ser honesto!"

---

[2] Referência sobre conceito e definição, https://www.significados.com.br/honestidade/

Prólogo – Os três conselhos do profeta aos policiais

Também é oportuno, nesse tema, trazer à memória um policial que viveu de forma honesta, honrando a sua fé, a sua família e os seus camaradas. Refiro-me ao capitão Matos (*In memoriam*), que foi chefe da P/1 do BOPE e também chefe da UIT/BOPE. Aquele honrado oficial, que sempre me chamava de "Profeta", passou para a eternidade e deixou uma grande lição, em que os mandamentos não são apenas para serem decorados, mas sobretudo exercitados e praticados diariamente.

Força e honra!

Antes de iniciarmos o primeiro capítulo, transcrevi abaixo o poema *Jesus, o Salvador*, escrito em 13 de maio de 1979 pelo sargento PM Tomé, que é o fundador da Congregação Evangélica do BOPE:

JESUS, O SALVADOR!

No mundo em que hoje vivemos, maldades estão a reinar,
Por falta de fé em Deus que tudo tem para dar,
Ele é o amor, a paz, a alegria e esperança,
Todas estas virtudes nele habitam com abundância.
Por isso, disse Jesus, em suas palavras sagradas,
Paz na terra e boa vontade com a humanidade...
Esclarece o escritor a vontade do Senhor e que
Tenhamos muito amor, muita paz no coração,
Esperança em Jesus para vencer a tentação.

Existia um querubim nos lugares celestiais de tão
Bonito que era, sua queda foi fatal, o seu fracasso
Se deu quando o poderoso Deus ao seu Filho entregou
Um lugar para reinar, não satisfeito com aquilo que

Deus estabeleceu, organizou um motim contra o Filho Do Rei, recebeu por sua paga a expulsão lá do céu. Para isso, caro leitor, é preciso que saiba que os Mandamentos do céu foram feitos com amor, esta Dádiva divinal que Jesus, o Salvador, lá no Calvário Expressou, para salvar o pecador.

(Joaquim Luiz Tomé)

1 | UM POLICIAL QUE DEIXOU JESUS MARAVILHADO

Certa ocasião, fui chamado ao gabinete do comandante. Chegando lá, percebi que o coronel estava ansioso devido ao fato de que sua promoção ainda não tinha sido publicada em boletim. Então, ele ligou seu *smarthphone* e ouvimos um cântico, desses que tocam nas igrejas, e o comandante disse que aquela música o tranquilizava em meio à sua ansiedade. Aproveitei e falei que a música tem esse poder – tanto que até existe uma disciplina, a musicoterapia, usada no tratamento de distúrbios psíquicos e emocionais.

Também falei que o primeiro rei de Israel, chamado Saul, recorreu à música em seus momentos de crise e angústia. Perturbado por um espírito maligno, ele mandava chamar o jovem Davi, que apanhava sua harpa e dedilhava. Com a suavidade da música, Saul conseguia se acalmar e sentia grande alívio e bem-estar. Segundo o texto de 1Samuel 16.23, até o espírito imundo se afastava, deixando-o em paz.

Ainda aproveitei o momento e falei do centurião de Cafarnaum, um militar que deixou o Filho de Deus maravilhado. Vejamos o texto a seguir:

"Entrando Jesus em Cafarnaum, dirigiu-se a ele um centurião, implorando: 'Senhor, meu servo está em casa, paralítico e sofrendo horrível tormento'. Então Jesus lhe disse: 'Eu irei curá-lo'. Ao que respondeu o centurião: 'Senhor, não sou digno de receber-te sob o meu teto, mas dize apenas uma palavra, e o meu servo será curado. Porque eu também sou homem debaixo de autoridade e tenho soldados às minhas ordens. Digo a um: Vai, e ele vai; e a outro: Vem, e ele vem. Ordeno a meu servo: Faze isto, e ele o faz'. Ao ouvir isto, Jesus maravilhou-se, e disse aos que seguiam: 'Com toda a certeza, vos afirmo que nem mesmo em Israel encontrei alguém com tão grande fé'" (Mateus 8.5-10).

A Bíblia não menciona o nome do centurião de Cafarnaum. Porém, podemos saber que era um militar romano muito respeitado – tanto, que tinha sob seu comando uma centúria, ou seja, um grupo de cem soldados. Assim como nós, que exercemos o poder de polícia e representamos o Estado, o centurião representava o poderoso Império Romano. Ele tinha tudo para ser uma pessoa arrogante, pois tratava-se de um representante legal de Roma em Cafarnaum. Naquele tempo, Cafarnaum, assim como toda a terra de Israel, estava subjugada à Roma. Tudo o que ali se produzia era tributado com altos impostos pelo Império e direcionado a Roma. No entanto, o texto nos apresenta um homem muito simples e humilde, que se dirigiu a Jesus chamando-o de "Senhor". Sim, aquele alto oficial reconheceu o senhorio de Jesus, e que muitos de seu tempo não reconheceram – e não reconhecem até hoje.

Um policial que deixou Jesus maravilhado   35

O centurião intercedeu por seu escravo, que se encontrava paralítico e em terrível sofrimento. Note, o oficial não intercedeu por alguém muito próximo, como filhos ou esposa, mas rogou por um escravo que estava muito mal. Tudo indica que essa nobre atitude não era comum entre senhores e escravos – pois quem se importaria com um serviçal, ainda mais que estivesse moribundo?

Policial de fé

Nesse diálogo de Jesus com o policial romano, o Salvador fez uma declaração que, com certeza, deixou muitos espantados. O centurião foi até Jesus e rogou pelo seu criado, e Jesus prontamente se dispôs a ir até a casa dele. Porém, o centurião falou que não era digno de receber Jesus em sua casa, rogando que enviasse apenas uma palavra e seu servo ficaria curado. Com essa atitude de fé, o policial deixou Jesus maravilhado, a ponto de o Filho de Deus exclamar que nem mesmo em Israel (ou seja, entre seu povo) encontrou alguém com "tão grande fé" (v. 10).

Jesus sabia muito bem o que estava falando. Ele olhou para todos os religiosos, incluindo o sumo sacerdote, bem como os demais sacerdotes, os levitas, fariseus e saduceus, escribas e doutores da Lei, mas não achou uma fé semelhante à fé do policial romano. A fé do centurião não foi uma mera expressão de religiosidade, mas, sim, uma fé verdadeira e sincera. É esse tipo de fé e devoção que move a mão de Deus. É justamente esse tipo de fé que atrai o olhar do Eterno.

Meus camaradas, nestes dias de tantas crises, incredulidade e incertezas, aprendemos com esse honrado policial do passado que é possível ter uma fé real e não fingida, a fim de podermos deixar o autor da vida maravilhado. Enquanto muitos que habitavam em Cafarnaum desprezaram Jesus, o oficial romano não desperdiçou a oportunidade de ver Jesus, ouvir suas palavras e expressar sua fé na pessoa do Filho de Deus. O centurião, realmente, era um homem de fé, e foi essa atitude que deixou o Salvador maravilhado. Hoje, nós vemos muitas pessoas que ficam encantadas com Jesus, e isso é muito bom. Porém, o centurião foi além, pois ele deixou ninguém menos que o Cristo maravilhado! E você também, nobre policial, pode deixar Jesus maravilhado por intermédio das suas atitudes sensatas e da sua fé sólida e edificada na Palavra de Deus. Hoje, essa mensagem chega até você no exato momento que Deus reservou. Acredite que isso não é uma simples obra do acaso. Portanto, creia realmente em Jesus. Creia que uma palavra que Jesus falar pode mudar o curso da sua vida e transformar verdadeiramente toda a sua história.

Um dos discípulos de Jesus, chamado Tomé, teve que ver para crer. Jesus já tinha ressuscitado, mas ele não cria que seu Mestre havia vencido a morte. Foi quando o próprio Jesus apareceu a ele, dizendo: "Porque me viste, Tomé, creste; **bem--aventurados os que não viram e creram**" (João 20.29).

Mesmo sem nunca termos visto Jesus, nós cremos que ele é a imagem do Deus invisível. Creia no Senhor Jesus Cristo e será bem-aventurado! Terá vida eterna, e a ira de Deus não o alcançará.

"Todo aquele que crê no Filho tem a vida eterna, mas todo aquele que rejeita o Filho não verá a vida, pois sobre ele permanece a ira de Deus" (João 3.36).

"Entregue seu caminho ao Senhor; confie nele, e ele o ajudará." (Salmos 37.5)

2 | POLICIAL É AUTORIDADE ORDENADA POR DEUS

Autoridade reconhecida

O centurião de Cafarnaum sabia muito bem que possuía autoridade delegada pelo Império Romano, pois ele ordenava e a ordem era devidamente cumprida. Porém, ele olhou para Jesus de forma completamente diferente da de muitos religiosos – aquele oficial não via Jesus sob uma ótica religiosa ou como um simples carpinteiro de Nazaré. Aquele policial, por meio da sua singela fé, reconheceu em Jesus uma excelente autoridade, ou seja, uma autoridade inigualável, e foi imediatamente atendido.

> *"Então disse Jesus ao centurião: 'Vai! E seja feito conforme a tua fé'. Naquela mesma hora o seu criado foi curado."* (Mateus 8.13)

Autoridade concedida

> *"Porquanto, não há autoridade que não venha de Deus, e as que existem foram ordenadas por ele."* (Romanos 13.1).

O nobre oficial não sabia, mas sua autoridade não vinha somente do poderoso Império Romano. Antes de ter poder concedido por Roma, sua autoridade lhe foi outorgada por Deus, e isso é um princípio bíblico. O apóstolo Paulo, que foi um homem muito experiente, escreveu uma carta aos romanos e fez uma revelação fantástica. Ele afirma que toda autoridade é ordenada por Deus. Isso inclui policiais, parlamentares, presidentes, juízes, promotores – enfim, toda autoridade.

A verdade é que Deus proveu meios para que você chegasse aonde está. Claro que foi seu o esforço para conquistar o cargo público, a graduação ou patente e até outros objetivos. Todavia, foi Deus quem lhe deu a vida, e pela graça divina você permanece vivo até hoje. O Senhor também lhe deu saúde, disposição e capacidade intelectual. Por isso, a Bíblia diz que não há autoridade que não venha de Deus e que as autoridades que existem foram por ele estabelecidas. Mas, atenção – isso não significa, de forma alguma, que Deus aprova as atitudes delituosas e criminosas que as autoridades corruptas praticam. Se Deus concedeu autoridade para alguém e este poder está sendo mal utilizado, tal pessoa irá sofrer as consequências. Isso é apenas uma questão de tempo, e Deus pedirá conta disso.

"Nada, em toda criação, está oculto aos olhos de Deus. Tudo está descoberto e exposto diante dos olhos daquele a quem havemos de prestar contas." (Hebreus 4.13)

Autoridade traz responsabilidade

Quando Jesus foi preso, levaram-no e o entregaram ao governador romano da Judeia, Pôncio Pilatos. Ele ficou impressionado porque, mesmo diante de tantas acusações, Jesus não respondia nada. Quando finalmente falou, fez uma revelação referente à autoridade:

"Então Pilatos perguntou a Jesus: 'De onde você vem?', Jesus não lhe deu resposta. 'Você nega a falar comigo?', disse Pilatos. 'Não sabe que eu tenho autoridade para libertá-lo e para crucificá-lo?' Jesus respondeu: 'Não terias nenhuma autoridade sobre mim, se esta não te fosse dada por cima'." (João 19.9-11)

Nobre policial, não esqueça que você é autoridade ordenada por Deus e, portanto, um emissário do Senhor, com a incumbência de manter a ordem. Isso é um grande privilégio, uma honra – e também uma grande responsabilidade.

"Respeitem as autoridades, qualquer que seja o nível delas. Elas são emissárias de Deus, responsáveis por manter a ordem." (1Pedro 2.13)

Eu oro ao Deus que nos concedeu essa autoridade para que nós possamos usá-la de forma correta, pois, fazendo assim, além de colhermos bons frutos do nosso precioso trabalho, jamais envergonharemos a nossa família, a nossa fé e os nossos camaradas. Amém!

3| OS POLICIAIS NO GÓLGOTA

"E aconteceu que o centurião e os que com ele vigiavam a Jesus, vendo o terremoto e tudo o que se passava, foram tomados de grande pavor e gritaram: 'É verdade! É verdade! Este era o Filho de Deus!'" (Mateus 27.54)

O local onde Jesus foi crucificado era em uma colina chamada de Gólgota, que significa "caveira". Havia ali uma guarnição de policiais que vigiava a execução sob o comando de um centurião. É fato que os policiais estavam acostumados a presenciar cenas violentas. No decorrer dos anos de serviço, aqueles homens de guerra ficaram com o coração endurecido e frio, provavelmente insensíveis ao sofrimento alheio. Contudo, aquela crucificação foi realmente diferente de todas as outras. Tudo o que eles presenciaram, todas as palavras que ouviram de Jesus, foi algo inigualável e inesquecível, a ponto de confessarem: "Verdadeiramente, este homem era o filho de Deus!"

Uma entrevista imaginária com o policial que estava aos pés da cruz[1]

— Como centurião romano, você certamente viu muitas pessoas morrendo na cruz — e, provavelmente, também comandou a crucificação de Jesus. Além disso, você era devotado de corpo e alma ao imperador romano, que reivindicava ser deus. Sua profissão, seu salário, seu futuro e até sua vida estavam em jogo nessa execução. Imagino que sua posição como centurião exigia maturidade e visão, e que você já tinha sido aprovado em situações difíceis anteriormente...

— Sim, eu estava acostumado com tudo. Conheci muitas pessoas, conheci soldados heroicos e oficiais nobres, dignos de admiração. Vi muita gente morrendo. Vivenciei seus últimos momentos e ouvi seus gritos, suas blasfêmias e seus lamentos. Mas, ninguém morreu como Jesus! Eu o ouvi orando pelas pessoas que o crucificavam. Observei-o falando com sua mãe e com um dos seus discípulos, mesmo em meio ao maior sofrimento.

— Presenciei, ainda, o diálogo que ele teve com um malfeitor crucificado ao seu lado, a quem prometeu o reino dos céus. Também ouvi quando ele clamou: "Está consumado!" Quem de nós poderia falar algo semelhante no final de sua vida? A vida de Jesus demonstra que ele fez tudo de maneira correta e concluiu com absoluta perfeição tudo o que começou. Isso tudo não me permitiria outra conclusão senão reconhecer que aquele homem era, realmente, o Filho de Deus.

Os policiais reconheceram que Jesus realmente era o Filho de Deus, mas, para isso, foi necessário presenciar um terremoto. Nobre policial, não espere que a tormenta chegue à

---

1 LIETH, Norberth. *Conheça Jesus, Único, Incomparável, Maravilhoso*. 2000, p. 18

sua vida para reconhecer o Salvador, pois neste exato momento você pode declarar, com fé, que Jesus Cristo verdadeiramente é o Filho de Deus. A respeito disso, Paulo escreveu:

> *"Se com a tua boca confessares ao Senhor Jesus, e em teu coração creres que Deus o ressuscitou dentre os mortos, serás salvo. Visto que com o coração se crê para a justiça, e com a boca se faz confissão para a salvação."*
> (Romanos 10.9-10)

4 | O POLICIAL CHAMADO CORNÉLIO

"Havia em Cesareia um homem chamado Cornélio, centurião do regimento militar conhecido como italiano. Era um homem muito bom e levou todos os de sua casa a adorar a Deus com sinceridade. Estava sempre ajudando os necessitados e tinha o hábito da oração."
(Atos 10.1-2)

Digno de nota, também, é esse policial romano. No seu caso, a Bíblia registra o nome dele: Cornélio. Não temos muitas informações desse homem, porém as poucas que temos são suficientes.

O escritor do livro de Atos fez questão de registrar que o centurião Cornélio era um homem muito bom, pois estava sempre ajudando os necessitados. Além disso, era um excelente líder, pois cuidava da sua própria casa, ensinava a família a buscar a Deus e adorar o Eterno com sinceridade. Cornélio entendia perfeitamente que nenhum sucesso justifica o fracasso da família.

Além disso, Cornélio tinha o hábito de orar. Orar é conversar com Deus: é pedir; é agradecer; é ser simples e sincero;

é ter intimidade com o Criador. Ora! Quem é que ora, senão quem realmente acredita que Deus está atento à oração e que pode atendê-lo? O policial Cornélio é mais um militar que a Bíblia nos apresenta que tinha um diferencial – e a diferença era a fé em Deus. Ele era um homem de fé, a fé que agrada a Deus. A fé que move montanhas!

"Porque todo o que é nascido de Deus vence o mundo; e esta é a vitória que vence o mundo: a nossa fé." (1João 5.4)

"Sem fé é impossível agradar a Deus, pois quem dele se aproxima precisa crer que ele existe e que recompensa aqueles que o buscam." (Hebreus 11.6)

E você, policial? Sabe orar? Agora mesmo, você pode orar assim:

Deus justo e poderoso! Muito obrigado por eu estar orando, tendo certeza de que o Senhor me ouve. Sê tu propício a mim, e ajuda-me em meio às fraquezas e tentações. Pai celestial, ajuda-me a ter equilíbrio em minhas ações e atitudes, seja em meio ao combate árduo, seja no seio de minha família. Guia meus passos pelas veredas da justiça por amor ao teu nome, e por teu filho Jesus Cristo. Amém!

5 | A fraqueza do general

"Havia muitos leprosos em Israel no tempo do profeta Eliseu, mas o único purificado foi Naamã, o sírio".

(Jesus de Nazaré)

Há mais de dois mil anos, o Mestre Jesus fez menção àquele honrado homem da Síria, chamado Naamã, que viveu séculos antes de Cristo. Jesus falava que, na época do profeta chamado Eliseu - um período de muita incredulidade -, havia muitos leprosos em Israel. Entretanto, segundo o relato bíblico, apenas um homem foi curado, e não era judeu, e sim, gentio, como eles chamavam os estrangeiros.

Mas, afinal, quem foi Naamã, que teve tanta notoriedade a ponto de ter seu nome incluído na Bíblia Sagrada? Uma breve biografia dele está registrada nas Sagradas Escrituras:

> O rei da Síria tinha grande respeito por Naamã, comandante do seu exército, pois, por meio dele, o Senhor tinha dado grandes vitórias à Síria. Mas, embora Naamã fosse um guerreiro valente, sofria de lepra. Naquela época,

saqueadores sírios tinham invadido o território de Israel, e entre os cativos havia uma menina que se tornou serva da esposa de Naamã. Certo dia, a menina disse à sua senhora: "Como seria bom se meu senhor fosse ver o profeta em Samaria! Ele o curaria da lepra!". Naamã contou ao rei o que a menina israelita tinha dito. Então o rei da Síria lhe respondeu: "Vá visitar o profeta. Eu lhe darei uma carta de apresentação ao rei de Israel". Naamã partiu levando 350 quilos de prata, 72 quilos de ouro e dez roupas de festa. A carta para o rei de Israel dizia: "Com esta carta apresento meu servo Naamã. Quero que o rei o cure da lepra". Quando o rei de Israel leu a carta, rasgou as roupas e disse: "Acaso sou Deus, capaz de dar ou de tirar a vida? Por que esse homem me pede que cure um leproso? Como vocês podem ver, ele procura um pretexto para nos atacar!". Mas, quando Eliseu, o homem de Deus, soube que o rei de Israel havia rasgado as roupas, mandou-lhe esta mensagem: "Por que o rei ficou tão aflito? Envie Naamã a mim, e ele saberá que há um profeta verdadeiro em Israel". Então Naamã foi com seus cavalos e carruagens e parou à porta da casa de Eliseu. Ele mandou um mensageiro dizer a Naamã: "Vá e lave-se sete vezes no rio Jordão. Sua pele será restaurada, e você ficará curado da lepra". Naamã ficou indignado e disse: "Imaginei que ele sairia para me receber! Esperava que mo-

vesse as mãos sobre a lepra, invocasse o nome do Senhor, seu Deus, e me curasse! Não são os rios Abana e Farfar, em Damasco, melhores que qualquer rio de Israel? Será que eu não poderia me lavar em um deles e ser curado?". Naamã deu meia-volta e partiu, furioso. Mas seus oficiais tentaram convencê-lo, dizendo: "Meu senhor, se o profeta lhe tivesse pedido para fazer algo muito difícil, o senhor não teria feito? Por certo o senhor deve obedecer à instrução dele, pois disse apenas: 'Vá, lave-se e será curado'". Assim, Naamã desceu ao Jordão e mergulhou sete vezes, conforme a instrução do homem de Deus. Sua pele ficou saudável como a de uma criança, e ele foi curado. Então Naamã e toda a sua comitiva voltaram para onde morava o homem de Deus. Ao chegar diante dele, Naamã disse: "Agora sei que no mundo inteiro não há Deus, senão em Israel". (...) "Vá em paz", disse Eliseu. Então Naamã partiu para casa. (II Reis 5:1-19 NVT)

Naamã foi um comandante muito bem-sucedido na antiga nação síria. Combatente perspicaz e valoroso, era um grande homem naquele reino. Imaginemo-lo retornando, triunfante, das batalhas, recebido com honras por seu rei e por toda a nação. Quem sabe, ostentava insígnias e medalhas em sua farda, fruto de suas conquistas.

Na verdade, Naamã obteve a glória em sua carreira militar, e não apenas porque era muito bem preparado e experiente em combate. É claro que preparo adequado faz a diferença em qualquer tropa operacional – afinal, como sabemos, "o alto preparo técnico do homem é fator de importância fundamental para a eficácia de sua ação". No entanto, os triunfos de Naamã ocorriam porque Deus, em sua soberania insondável, dera vitória a Síria. Apesar de tudo, Naamã tinha um problema sério. A Bíblia diz que ele sofria de lepra, doença hoje conhecida como hanseníase. Que drama – um dos maiores líderes militares de uma das forças mais poderosas do mundo da época era um doente. E não era uma enfermidade qualquer; nos tempos bíblicos, quem tinha lepra era considerado amaldiçoado e, em muitos casos, tinha de viver isolado da sociedade. Cada vez que voltava à sua casa, após derrotar todo tipo de oponente, Naamã tirava sua farda e se deparava com um inimigo que não podia vencer: as feridas e deformações em sua pele. É bem possível que seus subordinados e os cidadãos sírios nem soubessem que seu herói sofria de uma moléstia terrível e incurável. Em casa, contudo, ele não podia se esconder. No recôndito de sua intimidade, o poderoso general se via como realmente era: um leproso.

Há situações que enfrentamos e nas quais somos incapazes de combater com as nossas próprias forças. Se formos sinceros conosco mesmos, veremos que somos fracos, inoperantes e ineficazes diante das tempestades e "tsunamis que, por vezes, nos atingem de surpresa. Era exatamente assim que Naamã se sentia diante de sua maior fraqueza. Daí, podemos nos entregar à nossa própria debilidade ou entender que somos completamente dependentes de Deus e necessitamos de seu socorro em todos os momentos da nossa vida. Mesmo assim, muitos homens e mulheres – inclusive, nossos irmãos de farda e colegas de outras forças policiais e militares – são arrogantes, confiando na força do próprio braço ou, apenas, no armamento que carregam e no treinamento recebido. Esquecem completamente que a vida é curta, dura e incerta; é como uma névoa que aparece por um pouco e logo se dissipa. Muitos de nós, seres humanos movidos pela soberba, sentem-se imortais, invencíveis, infalíveis e onipotentes.

Foi no drama de Naamã que Deus lhe providenciou a solução da maneira menos provável. Uma menina judia, tomada como escrava pelos sírios, servia à mulher de Naamã e disse ao seu senhor que, lá onde ela viera, havia um profeta movido pelo poder do Senhor. Uma centelha de esperança se acendeu no coração do general, e este, após obter permissão do seu rei, partiu para a pequena e subjugada nação de Israel.

Sabemos a história pelo texto bíblico. Para além de sua cura maravilhosa, chama a nossa atenção o processo que levou a ela. Sendo homem importante, o oficial acreditava que o profeta o receberia, ouviria respeitosamente sua situação e faria um rito ou cerimônia para lhe trazer cura. Quem sabe, pensou, o profeta imporia as mãos em suas feridas, purificando-as. Porém, nada disso aconteceu – Eliseu limitou-se a mandar um recado com instruções sobre como ele deveria proceder. O texto fala que ele se sentiu "indignado" e "furioso".

Realmente, a soberba é loucura – e, nessa loucura, muitos ficam cegos. Observe que Naamã deixou o orgulho falar mais alto. Ele preferiu regressar à Síria doente a obedecer a uma instrução tão simples como a de mergulhar em um rio. Dessa vez, seu retorno à pátria seria sem festas ou aplausos. Simplesmente, Naamã voltaria derrotado por si mesmo.

Pense em sua vida. Quantas vezes, o orgulho o tem impedido de realizar coisas simples, como por exemplo expressar o seu amor por seu cônjuge e filhos. Você já falou, hoje, para o seu filho que você o ama? E para o seu cônjuge? Caso não falou, o que lhe impede de fazê-lo? Orgulho? Mágoas e ressentimentos? Quantos relacionamentos familiares, pessoais e profissionais têm sido rompidos quando o orgulho fala mais alto?

"A soberba precede a destruição, e a altivez do espírito precede a queda". (Provérbios 16:18)
Na paráfrase de Eugene H. Peterson:
"Primeiro vem o orgulho; depois, a queda – Quanto maior é o ego, maior é o tombo".

O COMANDANTE SEGUE O CONSELHO DE SEUS SERVOS

Vendo o que acontecia, os homens de Naamã tentaram dissuadi-lo:

"Meu senhor, se o profeta lhe tivesse pedido para fazer algo muito difícil, o senhor não teria feito? Por certo o senhor deve obedecer à instrução dele, pois disse apenas: 'Vá, lave-se e será curado'".

Perceba que, nessa trama toda, Deus estava tratando de Naamã e, para isso, usou pessoas que, de uma forma ou outra, o tinham como superior. Em primeiro lugar, a menina escrava de sua casa. Depois, um servo de Eliseu, chamado Geazi, foi incumbido de lhe levar o recado do profeta. Agora, eram seus comandados: "Chefe... Zero Um... O que o senhor tem a fazer é uma missão tão simples. Por que não atende ao que o profeta lhe mandou dizer?"

Aquele comandante, então, parou por um instante e refletiu. Em seguida, deu meia-volta e seguiu em direção ao Jordão.

Será que nós, também, não estamos perdendo algumas bênçãos devido ao orgulho que trazemos em nosso ser? Há pouco tempo, reencontrei um amigo de juventude. E encontrei-o em péssimas condições – estava vivendo na rua, sujo, com roupas esfarrapadas, provavelmente com fome. Achei estranho, pois sabia que ele tinha uma boa casa em um condomínio na Baixada Fluminense. Então, perguntei o que havia acontecido para que ele ficasse naquele deplorável estado. Então, meu amigo explicou que houve uma grande desavença entre ele e seus irmãos. Profundamente magoado e enfurecido, ele agora preferia mendigar e viver na rua do que voltar para casa e tentar resolver a situação. Percebi que, infelizmente, o orgulho falou mais alto.

No caso de Naamã, contudo, a história teve final feliz. Convencido por seus camaradas, ele caminhou para o pequeno Jordão, muito menor do que os grandes rios que havia na Síria. Com aquela atitude, ele dobrava seu orgulho duas vezes: primeiro, aos seus próprios olhos, e depois, diante dos homens que serviam sob suas ordens. Ele se despe, expondo a todos as marcas da lepra em seu corpo.

Começam os mergulhos. Um, dois – o profeta dissera sete. Era preciso continuar. Três. Quatro. Nada acontecia. Provavelmente, dúvidas assaltaram sua mente:

– Será que vai dar certo?

– E se nada acontecer? Como serei visto por meus homens? E o que vou dizer, em casa e diante do rei?

Todos os olhos estavam fitos no comandante. Mas, Naamã não desistiu; cinco mergulhos. Agora, seis. Ele prosseguiu, e a fé falou mais alto que as dúvidas e as incertezas. Ele foi realmente valente em obedecer até o fim e, após o sétimo mergulho, o Senhor Deus lhe concedeu a cura! Naamã foi completamente limpo de sua enfermidade e, mais que isso, recebeu uma cura na alma.

Deus usou várias situações para mostrar a um dos mais poderosos homens de seu tempo que todo o poder pertence ao Senhor! E que alegria invadiu aquele comandante ao ser milagrosamente curado – provavelmente, seus homens o abraçaram e compartilharam sua alegria. Ali estava seu comandante, aquele que os conduzira em tantas campanhas difíceis, feliz e completamente são!

A continuidade do texto bíblico mostra que Naamã ficou tão agradecido que fez questão de voltar ao profeta para lhe relatar o ocorrido e lhe oferecer presentes. Desta vez, Eliseu fez questão de recebê-lo e abençoá-lo, embora tenha recusado as ofertas. Com isso, certamente, quis lhe dar mais uma lição – a de que as verdadeiras dádivas do Senhor não podem ser compradas por preço algum. Com o coração convertido a Deus, Naamã ainda pediu que o Senhor o perdoasse quando, por dever do ofício, tivesse de acompanhar o rei nas cerimônias no templo do deus Rimom, venerado pelos sírios. Foi por isso que Eliseu encerrou sua conversa dizendo ao general: "Vá em paz". E o militar se foi, feliz e transformado. Ele entendeu muito bem que não foi o profeta ou as águas do Jordão que operaram a cura, e sim, a mão do Deus de Israel.

A maravilhosa graça que, um dia, alcançou o comandante Naamã, continua à minha e à sua disposição, pela fé. Ela não tem barreiras sociais, culturais ou étnicas; está estendida a todos, do soldado ao coronel. Ela alcança quem Deus quiser.

Essa graça maravilhosa você não irá encontrar em mais nenhum outro, senão Cristo. Esse amor que transcende a nossa compreensão é achado, apenas, no Salvador, que é Jesus. A graça é o favor de Deus que não merecemos e não vem dos nossos esforços. É um presente completamente gratuito ao homem.

"Vocês são salvos pela graça, por meio da fé.
Isso não vem de vocês; é uma dádiva de Deus.
Não é uma recompensa pela prática de boas
obras, para que ninguém venha a se orgulhar".
Efésios 2:8,9

6| DEUS OU DEMÔNIO?

"Quem és tu? Raio de metal, cravado na faca, tu és imortal. Todo de preto, combatente urbano. É Deus ou demônio, és tu Catiano."

O policial é a imagem do cão?

Estes versos são parte da letra de uma das canções muito cantadas no BOPE durante o Curso de Ações Táticas (CAT). Um dia desses eu estava conversando com um policial antigo na corporação e ele me disse que o policial é a imagem do cão (demônio). E ainda, lembrou se do soldado que perfurou um lado de Jesus com uma lança a fim de sustentar sua tese. Esse fato com Jesus aconteceu no Gólgota, o Monte da Caveira, onde ele foi crucificado.

Vejamos algumas passagens bíblica que relatam a maldade praticada pelos policiais romanos:

"Os soldados levaram Jesus ao Palácio e reuniram uma tropa inteira. Vestiram-no com um manto de púrpura e puseram uma coroa de espinhos na cabeça dele. Então, começou a zom-

baria: 'Viva o rei dos judeus!'. Eles lhe batiam na cabeça com um bastão, cuspiam nele e se ajoelhavam diante dele, como se o reverenciassem. Quando cansaram das chacotas, tiraram-lhe o manto de púrpura e o vestiram de novo com as suas roupas. Então o levaram ao Gólgota para crucificá-lo. Eles ofereceram-lhe vinho misturado com mirra, para aliviar a dor, mas ele não aceitou. Então o pregaram na cruz. Depois fizeram um sorteio para ver quem ficaria com suas roupas". (Marcos 15.16-20)

"Era o dia de preparação para o sábado, e por isso nenhum corpo podia permanecer na cruz no sábado, um dia especialmente sagrado naquele ano. Os judeus pediram a Pilatos que as pernas dos condenados fossem quebradas para apressar a morte deles, a fim de que os corpos pudessem ser retirados. Então, os soldados quebraram as pernas do primeiro homem crucificado com Jesus e depois do outro. Quando se aproximaram de Jesus, viram que ele já estava morto, por isso não quebraram suas pernas. Um dos soldados cortou o lado de Jesus com uma lança, e do ferimento jorraram sangue e água." (João 19.31-34)

Açoites, coroa de espinhos cravada na cabeça, cuspe no rosto, pregos cravados nas mãos, zombaria, chacotas e a crucificação. E mais ainda – após ser constatado que Jesus estava morto, um policial perfurou o lado de seu corpo com uma lança.

Por que tanta crueldade? A maldade é praticada por seres humanos de forma cruel. Iniquidade demais e amor de menos. Frieza e sequidão na alma. Será que aquele policial queria provar para os seus camaradas que ele era o "cão chupando manga"? Teria motivo para tanta barbaridade? Salário atrasado? Patente ou graduação frustrada? Estresse ou estafa? Arbitrariedade por parte do Estado? Injustiça ou perseguição por um superior? O assassinato de um colega de farda? Acaso, respondia a algum Conselho Disciplinar?

Acreditamos que a proliferação do ódio e a própria maldade que está inserida no ser humano, e não apenas nos policiais, são frutos do pecado, do distanciamento voluntário do homem com Deus, do desprezo da criatura para com o seu Criador.

No início, quando Deus criou o homem, ele o fez à sua imagem e semelhança, conforme o livro de Gênesis. O homem foi criado sem pecado, com uma natureza inteligente e racional, completamente diferente das demais criaturas. Mas o homem foi tentado, seduzido e persuadido pela astúcia da antiga serpente. O homem cedeu ao mal e desobedeceu ao Eterno, vindo, assim, o pecado entrar no mundo. Nossos primeiros pais (Adão e Eva) perderam a inocência, e a perfeição original do homem foi completamente afetada. A partir de então, o ser humano tornou-se passível da pena de morte espiritual (quebra de intimidade com Deus) e física. Ele ficou corrompido.

O homem se afastou de Deus, e isso foi trágico. O primeiro homicídio está registrado na Bíblia. E o pior é que o crime foi cometido entre irmãos – Caim e Abel –, com requintes de crueldade. Isso aconteceu quando Caim, voluntariamente, se afastou do Criador e rejeitou a sabedoria que lhe fora transmitida pelo próprio Deus, recusando-se a fazer o bem. Caim recusou o arrependimento, e assim o pecado, que estava à porta, o apanhou e fez dele um homicida. Como o homem se afastou de Deus, o pecado invadiu o ser humano a ponto de torná-lo arrogante, soberbo, cruel, violento e repleto de maldade. Não acredita? Pare por um instante e faça uma breve retrospectiva dos crimes que aconteceram recentemente e repare nas notícias dos principais jornais. A conclusão óbvia é que a humanidade está degenerada: estupros coletivos, violência sexual entre familiares, pais matando os próprios filhos, filhos matando ou planejando assassinato dos próprios pais, homicídios, infanticídios, fratricídios, genocídios, ataque a populações civis com armas químicas...

Veja o que Deus disse a Caim antes do primeiro homicídio:

"Se você fizer o bem, não será aceito? Mas se não o fizer, saiba que o pecado o ameaça à porta; ele deseja conquistá-lo, mas você deve dominá-lo." (Gênesis 4.7)

Caim não conseguiu dominar o pecado. O desejo maligno o conquistou e o resultado foi a morte do próprio irmão, movida pela inveja.

Caro policial, quanto mais distante estivermos de Deus, ignorando e rejeitando o Senhor, mais próximo estaremos do pecado. O pecado é como um gás letal que, quando chega ao homem, pode matá-lo ou então deixar graves sequelas na vida dele.

"O salário do pecado é a morte, mas o dom de Deus é a vida eterna em Cristo Jesus, nosso Senhor." (Romanos 6.23)

Boas-Novas

Enquanto o pecado afasta o homem de Deus, Jesus veio ao mundo para religar, de forma perfeita, o elo que foi quebrado por causa do pecado. Hoje, nós podemos nos unir a Deus por meio do seu Filho Jesus. E, em Jesus Cristo, somos mais que simples criaturas, pois fomos regenerados e nos tornamos filhos de Deus.

"Veio para o que era seu, mas os seus não o receberam. Contudo, aos que o receberam, aos que creram em seu nome, deu-lhes o direito de se tornarem filhos de Deus, os quais não nasceram de descendência natural, nem pela vontade da carne nem pela vontade de algum homem, mas nasceram de Deus." (João 1.11-12)

Existe um ditado popular que afirma que todos são filhos de Deus. Porém, de acordo com o texto de João, fica bem claro que, para nos tornarmos filhos de Deus, temos que receber Jesus em nossa vida. Temos que realmente crer no seu nome glorioso, pois só assim seremos de fato membros da família de Deus. Essa ação também é conhecida como o "novo nascimento", que é fruto do trabalho do Espírito Santo na vida do homem. Segundo a Palavra de Deus, esse Espírito é que convence o homem do pecado, produzindo sincero arrependimento.

Jesus deixou sua glória, humilhou-se e se tornou como homem, um de nós – porém, sem pecado, com o propósito de possibilitar ao ser humano ser um verdadeiro filho de Deus. Aleluia!!

Jesus, tu és diferente!

Tu ficaste ao lado da mulher adúltera,
quando todos se afastavam dela.
Tu entraste na casa do publicano,
quando todos se revoltavam contra ele.

Tu chamaste as crianças para junto de ti,
   quando todos queriam mandá-las embora.
Tu perdoaste a Pedro,
   quando ele próprio se condenava.
Tu elogiaste a viúva pobre,
   quando todos a ignoravam.
Tu resististe ao diabo,
   quando todos teriam sucumbido à sua tentação.
Tu prometeste o paraíso ao malfeitor,
   quando todos desejavam-lhe o inferno.
Tu chamaste Paulo para te seguir,
   quando todos temiam-no como perseguidor.
Tu fugiste do sucesso,
   quando todos queriam fazer-te rei.
Tu amaste os pobres,
   quando todos buscavam riquezas.
Tu curaste enfermos,
   quando foram abandonados pelos outros.
Tu calaste,
   quando todos te acusavam, batiam e zombavam de ti.
Tu morreste na cruz,
   quando todos festejavam a páscoa.
Tu assumiste a culpa,
   quando todos lavavam suas mãos na inocência.
Tu ressuscitaste da morte,
   quando todos pensavam que estavas derrotado.
Jesus, eu te agradeço porque tu és único!

(Autor desconhecido)

Caro policial! Você pode, agora mesmo, tomar a mais importante decisão da sua vida. Este é o momento de você

Deus ou demônio?

receber Jesus em seu coração, pois ele é realmente diferente de tudo e de todos. Ele é, simplesmente, incomparável. Jesus é a imagem do Deus invisível! Ore neste exato momento e peça a Jesus perdão pelos seus pecados, pois ele é fiel e justo para perdoar as nossas iniquidades. Seja sincero e diga que a sua vida agora pertence exclusivamente a ele, pois agora mesmo ele pode tornar-se o seu Senhor e Salvador. Se você assim desejar, leia e ore com fé esta oração:

Pai Celeste, sei que sou um pecador e que preciso do seu perdão. Creio que o seu Filho, Jesus Cristo, morreu na cruz por mim e agora estou arrependido e disposto a deixar a vida de pecado. Pela fé, convido o Senhor a entrar em meu coração, e em minha vida fazer morada permanente. Pela sua maravilhosa graça, quero segui-lo e obedecer-lhe como Senhor da minha vida. Amém!

7 | VITÓRIA SOBRE A MORTE! NOSSA GLÓRIA PROMETIDA!

O símbolo da faca na caveira é adotado desde a criação do NuCOE.

Tais elementos estão presentes em várias equipes de forças especiais pelo mundo.

- A faca simboliza o caráter de quem faz da ousadia sua conduta. Representa, também, o sigilo das missões. É o mais perfeito instrumento de combate que o homem já desenvolveu – basta observar que o formato básico da faca não foi alterado em milênios.
- O crânio simboliza a inteligência e o conhecimento, mas também a morte. A faca nele cravada é o símbolo da superação humana. A origem dessa crença é incerta; porém, comenta-se que, durante a Segunda Guerra Mundial (1939-1945), um grupo de comandos das forças aliadas teria ido a um campo de concentração nazista para libertar prisioneiros. Ao entrarem na sala de um dos oficiais alemães, verificaram que havia "troféus" macabros, como crânios e ossos humanos. Foi quando um soldado, num gesto de indignação, tirou uma adaga de seu uniforme e cravou em cima de um

dos crânios, bradando a todos que a vida, naquele momento, venceu a morte. Dessa forma, a faca na caveira significa a "vitória sobre a morte".[1]

Jesus triunfou sobre a morte

A faca na caveira é um símbolo muito forte, que lembra a vitória sobre as lutas, as batalhas, as guerras e a própria morte. Jesus não poderia ficar de fora desse tema, pois ele mesmo venceu a morte. É como diz o Procurador de Justiça de Minas Gerais, Rogério Greco:[2]

> *"Nessa visão, que transcende a religiosidade em seu sentido clássico é o próprio Cristo, o ente superior, o exemplo dos operadores das Forças Especiais de Polícia, pois ele é a expressão máxima da operacionalização da vitória sobre a morte. Não se pode negar que o operador das forças especiais de Polícia se depara com a morte no seu cotidiano e sua intervenção tem por objetivo a vitória sobre ela, resgatando reféns e salvando vidas."*

> *"(...) Cristo Jesus tornou inoperante a morte e trouxe à luz a vida e a imortalidade por meio do evangelho."*
> (2Timóteo 1.10)

A mais extraordinária de todas as afirmações cristãs é que Jesus Cristo ressuscitou dentre os mortos. Cristo triunfou sobre a morte. Nem ela teve poder para detê-lo. Vitória sobre a morte! Aleluia!

---
1 www.bopeoficial.com
2 Greco, Rogério - *Atividade Policial*, 2013, p. 366

Provas da ressurreição de Jesus

Após sua ressurreição, Jesus ficou durante 40 dias na terra e foi visto por mais de 500 pessoas. No começo do livro de Atos, Lucas relata os fatos ocorridos a Teófilo, um homem de alta posição e riqueza:

"Em meu livro anterior, Teófilo, escrevi a respeito de tudo o que Jesus começou a fazer e a ensinar, até o dia em que foi elevado ao céu, depois de ter dado instruções por meio do Espírito Santo aos apóstolos que havia escolhido. Depois do seu sofrimento, Jesus apresentou-se a eles e deu-lhes muitas provas indiscutíveis de que estava vivo. Apareceu-lhes por um período de quarenta dias, falando-lhes acerca do Reino de Deus." (Atos 1.1-3)

A ressurreição de Jesus descrita por Josefo

O historiador judeu Flávio Josefo, que viveu entre 37 e 95 d.C., escreveu sobre a administração de Pilatos em sua obra *Antiquities*. Aqui está o que ele tinha a dizer a respeito de Jesus em XVIII.3.3. (63):

"Nesta época existia Jesus, um homem sábio, se é que realmente é correto chamá-lo de homem; pois ele era um realizador de obras maravilhosas, um professor dos homens que recebiam a verdade com prazer; e ele conquistou para si muitos judeus e muitos dos gregos também. Este era o Cristo. E quando, depois da acusação dos líderes entre nós, Pilatos o condenou à cruz, aqueles que o haviam amado a princípio

> *não cessaram, pois ele apareceu para eles vivo novamente no terceiro dia, como os profetas divinos haviam dito estas e dez mil outras coisas maravilhosas a respeito dele. E mesmo agora, a 'seita' dos cristãos, assim chamada por causa deste [homem], não terminou.*"³

Nobre policial, se Jesus não tivesse ressuscitado, ele seria o maior impostor da humanidade; porém, de forma fantástica, Cristo venceu a morte, e, assim, comprovou que tudo o que ele disse é a mais pura verdade. É impossível Jesus mentir, pois ele é a própria verdade. Meus camaradas, hoje é o dia que o Senhor Jesus fala profundamente ao seu coração, e este é justamente o momento em que você toma uma decisão por ele, pois há um só Deus e um só mediador entre Deus e o ser humano, Cristo Jesus, homem.

> *"E, portanto, não há salvação em nenhum outro, pois, em todo universo não há nenhum outro nome dado aos seres humanos pelo qual devamos ser salvos!"* (Atos 4.12)

---

3 RICHARDS, Lawrence O. *Comentário Histórico Cultural do Novo Testamento*, 2008. CPAD, p. 91.

8 | POLICIAIS ATERRORIZADOS

Quando Jesus morreu, um discípulo chamado José, homem rico de Arimateia, pediu seu corpo a Pilatos, a fim de sepultá-lo. O governador atendeu o seu pedido, e José tomou o corpo, envolveu-o em linho limpo e o depositou no próprio túmulo – uma sepultura nova –, mandando colocar uma enorme pedra sobre a entrada.

A seguir, as autoridades religiosas solicitaram a Pilatos que colocasse uma guarda no sepulcro de Jesus por três dias, pois eles tinham medo de os discípulos furtarem o corpo de Jesus. Mas foi tudo em vão. Quando amanheceu o primeiro dia da semana, houve um grande terremoto. Naquele momento, um anjo de Deus desceu do céu e rolou a pedra que tapava o sepulcro. Raios de luz emanavam dele e suas roupas eram brancas como a neve, com brilho intenso. Os guardas da tumba estavam tão aterrorizados que não podiam, sequer, se mover.

O que aconteceu depois é uma atitude vergonhosa por parte de quem deve manter a integridade no exercício da profissão:

"Enquanto isso, os guardas fugiram, mas alguns foram para a cidade e contaram aos principais sacerdotes o que acontecera. Eles convocaram uma reunião dos líderes religiosos e elaboraram um plano. Subornaram os guardas com uma grande soma de dinheiro para que dissessem: 'Os discípulos de Jesus vieram de noite e roubaram o corpo enquanto estávamos dormindo'. Os religiosos os tranquilizaram: 'Se o governador descobrir que vocês dormiram em serviço, damos um jeito para que não sejam condenados'. Os soldados aceitaram o suborno e fizeram como lhes fora dito. Essa versão, forjada no concilio judaico, ainda está em circulação." (Mateus 28.11-15)

É importante notar o seguinte:

- Uma unidade de guarda militar (tipicamente constituída de quatro homens) admitiria voluntariamente ter dormido em seu posto? Certamente, não sem fortes promessas de proteção, bem como de pagamento, por parte do sumo sacerdote.

- A obra *Digest*, de Justiniano, relaciona cerca de 18 crimes pelos quais os soldados romanos poderiam ser condenados à morte: Um espia que passasse para o lado do inimigo; deserção; passar por cima do muro, da proteção ou dos limites; iniciar um motim; recusar-se a proteger um oficial ou abandonar um posto; esquivar-se do serviço, uma vez recrutado; cometer assassinato; agredir um superior ou insultar um general; fugir, quando tal exemplo pudesse influenciar outros; revelar planos ao inimigo; ferir um outro soldado com uma espada; ferir-

-se ou tentar suicídio sem uma causa razoável; abandonar a vigia noturna; dispersar o grupo de um centurião ou feri-lo ao ser punido; fugir da casa dos guardas e perturbar a paz.[1]

Certamente, o que os guardas do túmulo fizeram foi loucura, pois eles falaram que dormiram e alguém furtou o corpo de Jesus. Eles estavam dispostos a enfrentar todos os riscos, inclusive a pena capital, em troca de uma grande quantia de dinheiro. Ao que parece, aqueles policiais ficaram completamente cegos ao aceitarem o suborno dos religiosos. Infelizmente, a prática do suborno ainda acontece, o que é uma lástima tanto entre policiais quanto entre religiosos – e não são poucos os colegas que foram excluídos da nossa corporação por terem enveredado por esse maldito caminho. Também não são poucos os religiosos que estão entrelaçados por toda sorte de corrupção, marchando com passos largos em direção ao inferno. Que o Senhor nos conceda graça, para que nós possamos vencer a tentação do dinheiro ilícito, quando porventura chegar à nossa porta. Agindo assim, não envergonharemos a nossa fé, a nossa família e os nossos camaradas.

"O amor ao dinheiro é a raiz de toda espécie de males e nessa cobiça alguns se desviaram da fé, e se transpassaram a si mesmos com muitas dores." (1Timóteo 6.10)

"(...) Contentai-vos com o vosso salário." (Lucas 3.14)

---

1 RICHARDS, Lawrence O. *Comentário Histórico Cultural do Novo Testamento*, 2008. CPAD, p. 96

O dinheiro, em si, não é problema algum. O grande problema é o amor a ele. O dinheiro não é para ser amado nem idolatrado, e sim para ser usado de forma adequada. Mas o que acontece é uma inversão de valores, pois vemos as pessoas amando o dinheiro e usando pessoas, fazendo do recurso financeiro um senhor, uma espécie de deus – e, nessa ganância desenfreada, muitos estão se perdendo, se vendendo e se corrompendo.

"Quem ama o dinheiro nunca se contenta com o que tem, nem o que ama a riqueza se satisfaz com grandes lucros. Isso também é vaidade." (Eclesiastes 5.10)

Na mesma linha de pensamento, o reverendo Hernandes Dias Lopes, pastor, escritor e conferencista, diz:

"Muitos indivíduos, seduzidos pela fascinação das riquezas, transigem com seus valores, amordaçam a consciência e se curvam aos apelos do lucro ilícito. A corrupção está incrustada na medula da nossa nação. Ela enfiou seus tentáculos em todos os setores da sociedade. Está presente nos poderes constituídos. Nos corredores do poder, há inúmeras ratazanas esfaimadas escondidas por trás de togas reverentes. Nos palácios e casas legislativas, há muitos criminosos que assaltam o erário público, escondidos atrás de títulos pejados de honra. Nossa sociedade está levedada pelo fermento da corrupção. A causa precípua desse desatino moral é o amor ao dinheiro, a raiz de todos os males. O dinheiro se tornou o mais poderoso senhor de escravos da atualidade. Ele deixou de ser apenas uma moeda para transformar-se num ídolo. O dinheiro é Mamon, o deus mais adorado neste século. Por ele, muitos

se casam, divorciam-se, mentem, matam e morrem. Aqueles, entretanto, que pensam que o dinheiro é um fim em si mesmo, que correm atrás dele delirantemente, descobrem frustrados, e tarde demais, que seu brilho é falso, que sua glória se desvanece, que seu prazer é transitório. O dinheiro não satisfaz. Ele não pode, sequer, oferecer segurança. Aqueles que fazem do dinheiro a razão de sua vida caem em tentação e cilada e atormentam a sua alma com muitos flagelos. O dinheiro, porém, é bom. Ele é necessário. É um meio, e não um fim; um instrumento por intermédio do qual podemos fazer o bem. O dinheiro é um bom servo, mas um péssimo patrão. O problema não é ter dinheiro, mas o dinheiro nos ter. O problema não é carregar dinheiro no bolso, mas entesourá-lo no coração. O dinheiro deve ser granjeado com honestidade, investido com sabedoria e distribuído com generosidade. Deus nos dá mais do que necessitamos, não para o retermos em nossas mãos, mas para socorrermos os necessitados".[2]

O sábio escritor bíblico nos recomenda:

*"De tudo o que se tem ouvido, a conclusão é:
Teme a Deus e guarda os seus mandamentos,
Pois esse é dever de todo o homem.
Porque Deus há de trazer a juízo toda obra,
Até mesmo tudo o que está encoberto,
Quer seja bom, quer seja mau."*
(Eclesiastes 12.13-14)

Oremos para que o Senhor nos conceda graça sobre graça, a fim de não cedermos aos encantos e às tentações, tampou-

---
2 LOPES, Hernandes Dias. **Dinheiro a Prosperidade que Vem de Deus**. Hagnos, prefácio. **2009**

co cairmos nas armadilhas do vil tentador. E que também possamos continuar até o final da nossa jornada, sendo dirigidos e protegidos pelo Todo-poderoso, conclamando triunfalmente, tal como o apóstolo Paulo: **"Combati o bom combate, completei a carreira, guardei a fé"** (2Timóteo 4.7).

TESTEMUNHOS DE POLICIAIS DO BOPE

Vários de nossos companheiros de farda têm tido sua vida transformada pelo Senhor Jesus. Em sua prática diária, eles testemunham a ação de Deus, livrando-os dos perigos e consolando-os em situações difíceis da vida. Seus depoimentos de fé mostram que nosso Senhor Jesus Cristo, por intermédio do Espírito Santo, está conosco em todos os momentos de nossa vida, como prometeu em sua Palavra:

"No ano de 2003, eu estava trabalhando na equipe de serviço. Era uma ocupação na comunidade Vila dos Pinheiros, no Complexo da Maré[1]. Um dia, pela manhã, ao assumir o serviço, verifiquei na escala que tinham me tirado da patrulha sem nenhuma comunicação prévia. Fiquei surpreso e até chateado por ter saído da patrulha, da qual eu era o motorista, mas Deus sabe de todas as coisas. O sargento comandante da patrulha também não sabia que eu não pertencia mais à equipe, e logo quando me viu mandou que eu aprontasse a viatura para assumirmos o serviço já pela manhã. Eu lhe comuniquei

---

1 [N. do Redator: Trata-se de uma área ocupada por comunidades carentes, na Zona Norte do Rio de Janeiro]

que não estava mais na patrulha, pois havia sido escalado para a guarda do Batalhão justamente naquele dia. Então, ele chamou o soldado Barbosa, que assumiu a viatura em meu lugar. Nenhum de nós sabia, mas era a última vez que o vimos com vida. Naquele mesmo dia, Barbosa, ao manobrar a viatura na comunidade, foi alvejado de forma fria e covarde. O jovem soldado foi a óbito.

"Fiquei abalado e, durante muitos dias, pensativo, até indagando a Deus o porquê de ter poupado a minha vida da morte. A grande verdade é que, muitas vezes, não compreendemos os desígnios de Deus para a nossa vida, nem por que algumas coisas acontecem conosco e outras não. Hoje, percebo que foi um ato da misericórdia divina para que eu continuasse vivo. E Deus não pensava somente em mim, mas também em você, camarada policial, pois ele já sabia que este livro chegaria às suas mãos, a fim de você refletir um pouco sobre sua profissão, sua vida e esse Deus chamado Jesus."

2º Sargento PM Ozéas

"Há cerca de seis anos, minha vida deu uma reviravolta. E ela começou na forma de sintomas como tosse seca, febre e dor de cabeça. Nada demais, muitos diríamos; porém, os sintomas logo evoluíram para um quadro mais sério, com hemorragia intestinal. Acabei internado e, após uma série de exames, fui diagnosticado como portador do HIV, o temido vírus da Aids. Naquele momento, embora já fosse militar, saudável e, inclusive, doador de sangue, fiquei, como se diz popularmente, 'sem chão'. Iniciou-se, ali, a minha peregrinação espiritual. No leito de enfermidade, compreendi que a vida humana nada mais é que um sopro, que pode se interromper a qualquer momento. O que fazer em um momento extremo como aquele?

Continuar na arrogância, vivendo uma vida dissoluta e destituída da graça de Deus, como fora até então, ou ouvir a voz do coração, o testemunho interno do Espírito? "Em uma das visitas que recebi, a Palavra de Deus foi ministrada ao meu coração. O contato com a verdade do Evangelho levou-me a uma reflexão profunda. A partir daquele momento, passei a apegar-me a Deus, por intermédio do Senhor Jesus Cristo, por meio da oração e leitura da Palavra. Entendi a voz do Espírito Santo falando ao meu coração e me convencendo da justiça, do pecado e do juízo. No fim de várias semanas angustiantes, recebi o diagnóstico de histoplasmose, doença séria provocada por um fungo, mas tratável. Logo que recebi alta, comecei a minha caminhada cristã, ligando-me a uma igreja evangélica e passando pelo batismo nas águas. Deus me abençoou poderosamente, e aquele homem que vivia ausente do convívio familiar passou, gradativamente, a ter seus hábitos mudados. A experiência de transformação espiritual logo influenciou minha mulher e minha filha, e pouco tempo depois, tive a satisfação de também vê-las passando pelas águas do batismo.

"No Evangelho, tenho encontrado a força e a fé necessárias não apenas à minha vida espiritual como, também, à minha carreira. Servi durante sete anos na Brigada de Infantaria Paraquedista do Exército Brasileiro, e, nos últimos anos, sirvo à Polícia Militar do Estado do Rio de Janeiro (PMERJ). Alguns acham incoerente o fato de um cristão atuar como policial, mas penso justamente o contrário. O grande segredo é agir, sempre, dentro da legalidade. É o cumprimento irrestrito da lei que faz o sucesso da atividade policial, e, como crente em Jesus, eu me sinto orgulhoso do trabalho que realizo. Na polícia, trabalhei por aproximadamente três anos em uma Unidade de Polícia Pacificadora (UPP) instalada em uma região antes conhecida pela violência e pelos confrontos provocados pelo narcotráfico no Rio de Janeiro. Mesmo naquele contexto extremo, minhas ocorrências eram, em sua maioria, assistenciais – e, no desenrolar do trabalho, a mensagem do Evangelho era sempre pregada.

"Hoje, servindo em uma unidade especial da PMERJ, tenho a rica oportunidade de conciliar a minha fé com as funções de agente da lei e da segurança pública. Vejo o policial militar cristão com uma importância fundamental neste processo de mudança que ocorre em nossa sociedade. Creio firmemente que a corrupção, o mau uso da coisa pública, a violência e a degradação do tecido social, tristes marcas de nosso tempo, podem ser superados se deixarmos que o caráter de Cristo flua de nossa vida e promova as transformações de que tanto precisamos."

Cabo PM L. Azevedo

"Fui ferido por uma granada, um dia antes do meu aniversário, enquanto uma festa surpresa me aguardava em casa. Mas, como Deus não vê dias, e sim a eternidade, e suas festas são proféticas, o Senhor Jesus, meu amigo, por meio de sua graça, ampliou minha visão, retirando um de meus olhos, para que minha visão fosse aperfeiçoada – e, somente assim, enxergar a sutileza de seu sacrifício na cruz por toda a criação, me trazendo alegria em ouvir a sua doce e singela voz."

Subtenente PM Glebson

"Era uma sexta-feira e eu estava na casa dos meus sogros, acompanhado do meu cunhado e de um sobrinho de apenas três anos. Eles estavam se preparando para ir à casa de praia, enquanto eu iria ao Bope. Pedi ao meu sogro que fechasse o portão, pois eu já havia escutado alguns disparos de arma de fogo vindos do Morro do Chapadão, na Zona Oeste do Rio de Janeiro. Na verdade, o Espírito Santo já estava me alertando de que algo aconteceria. Não demorou muito tempo, ouvi vozes desesperadas vindas do quintal. Quando me dei conta, já havia um marginal com uma arma apontada para o meu rosto, enquanto outro rendia meus parentes no quintal. Eu vi a morte! Não tinha como sair daquela situação, pois estava totalmente rendido por dois meliantes armados – um com um revólver calibre 38 e outro portando uma pistola 9 milímetros.

"Porém, o Senhor Jesus, mais uma vez, me livrou. Deus é tremendo, e ele guarda os seus. Deus é fiel! Eu também estava armado com a minha pistola na cintura, mas rendido com as mãos para o alto. Confesso que fiquei pasmo e pedindo a Deus um livramento, até porque se os marginais descobrissem que eu era policial, com certeza me executariam. Mas, verdadeiramente Deus não dorme, e é certo que não tosquenejará o Guarda de Israel (Salmo 121). O perpetrador pegou o celular da minha mão, e também pediu a chave do meu carro. E, eu sendo guiado pelo Santo Espírito de Deus, joguei a chave ao chão. Quando o marginal se abaixou para pegá-la, desviou os olhos de mim por um instante, e aproveitei a oportunidade. Busquei abrigo rapidamente, e iniciou-se uma troca de tiros dentro da cozinha. Meu sogro foi ferido no abdômen, porém sem gravidade. Também do lado de fora da casa havia mais dois marginais dentro do carro. Todos fugiram rapidamente, levando somente a chave do carro e meu celular. Graças a Deus, foi mais um livramento em minha vida."

2º Sargento PM Figueiredo

"Há cerca de dois anos, a graça de Deus Pai e sua eterna misericórdia e o amor de seu Filho Jesus Cristo me alcançaram e me converteram. Desde então sou um servo, ainda que imperfeito, do meu Senhor e Salvador.

"A vida em Cristo Jesus é uma jornada de arrependimento e luta contra o pecado. Porém, sabemos que não estamos mais sob a ira de Deus, uma vez que fomos justificados em Cristo Jesus, quando ele nos deu vida quando estávamos mortos, pela ação do Espírito Santo, que nos convence do pecado, da justiça e do juízo. Os frutos dessa justificação são a paz que tenho com Deus, a firmeza da esperança da sua glória e a alegria de ter a certeza do amor de Cristo, que foi derramado no meu coração, conforme Romanos 5.1-5.

"Hoje, o Senhor Jesus é a minha vida, meu ar, meu alimento, apesar de eu louvá-lo e amá-lo de forma imperfeita. Sei que ele é santo, fiel e amoroso, mas também justo e irado contra o pecado. Portanto, devemos crer, amá-lo de todo o coração e entendimento e com toda a nossa alma. Devemos temê-lo e tremer diante desse Deus maravilhoso e zeloso pela sua glória e santidade.

"A cada dia, ele realiza um milagre em minha vida! A cada dia, o Senhor me ensina, me admoesta, me corrige e me ama de forma inexplicável. Tantas e tantas vezes que me pego sendo inútil, pecando em pensamentos e ações, medroso, incapaz de amá-lo e servi-lo mais... Em certos momentos, parece que o Senhor nos abandonou, pois não sentimos o seu amor e a sua presença. Entretanto, diante da sua imensurável sabedoria, ele transforma os nossos pecados em bênçãos, aperfeiçoando-nos e lembrando-nos das verdades de sua Palavra. O Senhor nos lembra de que ele nos ama pela nossa união com Cristo na cruz e na sua ressurreição, e não pela nossa capacidade. Em sua Epístola aos Efésios, Paulo diz que somos salvos pela graça, por meio da fé – e isso não vem de nós, pois é dom de Deus: "Não vem de obras, para que ninguém se glorie, porque somos feitura sua, criados em Cristo Jesus para as boas obras, as quais Deus preparou para que andássemos nelas" (Efésios 2.8-10).

"Diante dessas certezas bíblicas, temos que caminhar com ele não porque sentimos algo, ou por algum tipo de emoção, mas somente pela fé, crendo firmemente em suas promessas. Pelas Sagradas Escrituras, temos a plena convicção de que o Senhor é fiel, justo, santo e nos justificou em Jesus Cristo. Assim, mesmo que não se sinta nada emocionalmente, ou não fale com ele face a face, sei que ele está comigo por intermédio da fé.

"Louvado sejas tu, ó Deus e Pai do meu Senhor e salvador, Jesus Cristo!

"Que a graça e a misericórdia do nosso Deus e Pai e o amor do seu Filho Jesus Cristo, junto com a poderosa ação do Espírito Santo em nossa vida, produzam em nós o seu fruto, pois somos o sal da terra e a luz do mundo, no qual somos peregrinos, para a honra e glória do nosso Senhor."

2º Sargento PM Emerson

"No dia 9 de maio de 1998, eu estava de plantão no Batalhão, quando um amigo querido de equipe, chamado Jessé, foi ao meu encontro. Ele disse que havia se esquecido de entregar ao oficial de operações daquele dia, tenente Sarmento, um croqui em que se encontravam localizados alguns alvos que deveriam ser batidos pela equipe que havia se dirigido ao Morro do Turano, próximo ao bairro da Tijuca. Embora o tenente houvesse dispensado o mapa, a responsabilidade de Jessé não permitia que ele o deixasse para trás, pois sabia que isso facilitaria o trabalho da equipe. Por isso, meu colega insistiu comigo em ir ao encontro deles, que já se encontravam posicionados no local de início da missão.

"Fomos à Reserva de Armamento, solicitei uma metralhadora HK e uma pistola, ambas 9mm. Jessé pediu uma pistola e mais três carregadores. Quando concluímos o pedido, o armeiro nos perguntou se não queríamos levar outras armas, no que respondi que, com aquele armamento, seríamos capazes de fazer uma guerra. Pois eu mal sabia o que viria pela frente...

"Partimos em direção ao ponto de início da operação, que ficava próximo à residência oficial do arcebispo do Rio de Janeiro. Embarcamos em uma viatura descaracterizada, pois fazíamos parte do serviço de inteligência do BOPE, a chamada P/2. Ao chegarmos ao local, entregamos o croqui, desejamos boa sorte à equipe e iniciamos o regresso para nossa unidade, que naquela época ficava localizada dentro do complexo do Batalhão de Choque, em frente ao Sambódromo, no centro do Rio de Janeiro. Ao passarmos pela rua Almirante Alexandrino, em Santa Tereza, com destino ao bairro do Rio Comprido, nos deparamos com um traficante armado com uma pistola, que estava saindo da comunidade Falet/Fogueteiro. Ao sermos avistados por esse traficante, embora estivéssemos em uma viatura descaracterizada, fomos de pronto reconhecidos, sendo que o mencionado traficante efetuou vários disparos em nossa direção.

"Alguns tiros acertaram o capô, bem como o para-brisas da viatura. Nesse momento, como não tínhamos condições de parar e desembarcar, resolvemos descer a ladeira em alta velocidade. No trajeto, colidimos contra um carro estacionado, mas conseguimos seguir em frente. Logo nos deparamos com mais dois traficantes que saíam de um beco, também armados e correndo. Nesse momento, sem que pudesse desviar, atropelamos os dois e perdemos o controle, colidindo contra uma grande pedra. A viatura capotou e, rapidamente, Jessé abriu a porta, em busca de abrigo. Quando tentei abrir a porta do motorista, ela estava emperrada. Assim, fui obrigado a sair pelo banco do carona. Tão logo me encontrei fora do veículo, percebi que um dos traficantes estava vindo em minha direção, e trocamos tiros. Sendo ele baleado, fugiu e procurou socorro no Hospital Souza Aguiar, ali perto, onde acabou sendo preso depois.

"Após essa troca de tiros, tentei fazer contato, através do rádio da viatura, solicitando auxílio policial. Nesse momento, fui alvo de mais disparos por parte de outros traficantes, e ouvi Jessé gritando para que eu saísse de perto da viatura, já que era um alvo fácil. Foi então que me joguei em um matagal. No entanto, os tiros não cessavam e cortavam a folhagem ao meu redor. Eu podia ouvir o zumbido dos projéteis passando por mim. Mais uma vez, Jessé disse que eu saísse, já que estava exposto no matagal. Para me dar cobertura, ele atirou contra os criminosos, e consegui me levantar e correr até onde ele estava abrigado.

"Decidimos, então, progredir pelas vielas daquela comunidade, mesmo debaixo de fogo intenso. Era a nossa única alternativa, pois caso contrário, morreríamos naquele local. Mesmo trocando tiros com os traficantes, conseguimos chegar a uma escadaria, onde paramos um pouco para pensar no que fazer. Concluímos que o melhor era descê-la, mesmo que através dela fôssemos conduzidos para dentro da comunidade. Na verdade, não sabíamos exatamente onde terminaria a escadaria. Porém, era a nossa única alternativa.

"Como eu portava uma metralhadora HK, com maior poder de fogo, segui como ponta, sendo que Jessé permaneceu cobrindo a retaguarda. Ao começar a descer a escada, fomos novamente avistados pelos traficantes, que se encontravam na parte baixa da escadaria. Logo que nos avistaram, iniciaram nova investida, atirando contra nós. Em virtude disso, tivemos que voltar para o beco, e, avaliando novamente a situação, Jessé sugeriu que atravessássemos a escadaria e entrássemos em outro matagal, que se encontrava à nossa frente. Disse a ele que não seria razoável entrar no matagal, já que não conhecíamos o local e não sabia o que nos esperava, foi quando de dentro do matagal surgiu uma saraivada de tiros. Jogamo-nos ao chão, em busca de sair da linha de tiro e diminuindo nossa silhueta. Ouvimos que atrás do muro que se encontrava perto de onde estávamos foram lançadas duas granadas. A única alternativa que restou foi a de subir a escadaria, já que não podíamos voltar em direção à nossa viatura. No entanto, também fomos recebidos a tiros, que vinham do alto da escadaria. Estávamos cercados.

"Durante essa troca de tiros, fui baleado na mão direita. O tiro, no entanto – e para a minha sorte –, atingiu primeiro a metralhadora. Foi quando nos abaixamos novamente e, por alguns instantes, os tiros cessaram. Informei ao Jessé que havia sido baleado na mão, mas que ainda estava em condições de combate. Como não podíamos voltar, efetuamos vários disparos para cima, e resolvemos enfrentar a escadaria, subindo.

Após nova investida dos traficantes, pulei para o lado direito, onde havia uma residência, com um muro que nos daria certa proteção. Ao olhar para trás, não mais avistei meu amigo Jessé. Depois de alguns segundos, escutei a sua voz, me chamando para o local onde ele se encontrava e, ao olhar, observei que havia um buraco de onde vinham os chamados de Jessé.

"Assim, imediatamente, atendi a seu comando e pulei em direção ao buraco, que pensava ser profundo, e que nos daria a segurança necessária para aquele momento. No entanto, o buraco não tinha mais do que meio metro, e isso não seria suficiente para nós. Foi quando me dei conta de que Jessé estava caído, inerte. Desesperadamente, comecei a chamar pelo seu nome, mas meu amigo não me respondia. Não havia dúvida – Jessé estava morto. Entrei em desespero, porém não tinha mais o meu companheiro.

"Os tiros voltaram e eu ouvia, nitidamente, as vozes dos traficantes, dizendo que desceriam para conferir. Eles acreditavam que nós dois estivéssemos mortos e chegariam mais perto, certamente, para efetuar os últimos disparos. Nesse momento, me abaixei e apontei novamente minha metralhadora HK em direção ao alto da escadaria, esperando que aparecessem e pudesse efetuar disparos. Como não apareciam, embora continuassem a atirar, resolvi efetuar disparos em direção ao alto da escadaria, de onde vinham os tiros. Então, percebi que a arma tinha sido avariada com o disparo sofrido. Só o projétil que já se encontrava na câmara saiu. Ali estava eu, cercado!

"Naquele momento, um pensamento surgiu na minha mente. Pensei que seria melhor morrer do que ser pego pelos traficantes, pois certamente seria cruelmente torturado antes de ser executado. Assim, coloquei minha cabeça para fora do buraco, na esperança de receber um tiro fatal. Porém, embora os disparos chegassem bem próximos à minha cabeça, não fui atingido. Na verdade, somente os fragmentos das balas disparadas me atingiam, sem maior dano.

"Como não conseguiam me matar, entendi que Deus me queria vivo. Por isso, mesmo sem poder contar com minha metralhadora, ainda tinha duas pistolas – a minha e a que estava com Jessé. Decidi subir mais alguns degraus, efetuando disparos contra o grupo de traficantes. Dessa forma, confundi os criminosos, pois pensavam que subiria o restante dos degraus, quando, na verdade, desci como louco aquela escadaria. Consegui chegar ao interior da comunidade, onde fui recebido com mais tiros. Depois de passar por um beco, avistei uma rampa e, ao lado dela, outra escadaria. Resolvi correr pela rampa. Não foi uma boa ideia: minhas pernas não acompanhavam a velocidade da descida. Rolei rampa abaixo e acabei colidindo contra um muro. Estava muito machucado e meu corpo inteiro sangrava. Mesmo não sabendo de onde vinha minha força, pulei o muro e acabei tendo acesso a uma rua localizada fora da comunidade. Comecei a correr, mancando e com o sangue a gotejar. Os traficantes, do alto das lajes das casas, ainda tentaram me atingir. Para minha sorte, quando consegui sair da linha de tiro, avistei uma viatura da Polícia Militar. Quando os policiais me viram portando uma metralhadora nas costas e duas pistolas nas mãos, automaticamente me renderam, apontando seus fuzis em minha direção. Felizmente, não atiraram, e gritei que eu era policial do BOPE e que meu amigo estava ferido. Eles, com toda razão, me mandaram largar as armas e deitar no chão. Após terem certeza de quem eu era, disseram que me levariam ao hospital. Insisti para que subíssemos novamente a comunidade, a fim de resgatar meu amigo Jessé. Os policiais disseram que seria impossível que nós três ingressássemos naquela comunidade e que o melhor a fazer seria buscar socorro para mim e avisar os combatentes do BOPE, que já estavam na comunidade, sobre todo o ocorrido. Disseram-me que não acreditavam em como eu conseguira sair sozinho daquele local, pois exatamente naquele dia, segundo informações da Seção de Inteligência, estava sendo realizada ali uma reunião da facção criminosa Comando Vermelho.

"Fui levado ao hospital. Após aproximadamente uma hora, meus companheiros recolheram o corpo de Jessé. Vi meu amigo sendo colocado na maca, e, mesmo ferido, tentei ajudar na remoção do seu corpo. Estava inconsolável, e minha cabeça só pensava nas palavras que tinha ouvido de Jessé durante o tiroteio. Mesmo durante esse combate intenso, aquele bravo combatente ainda teve forças para me dizer palavras de ânimo e encorajamento. Tamanha serenidade demonstrada em um momento tão crítico pôs-me a refletir.

"Quando a médica examinou o corpo de Jessé e constatou sua morte, perguntei-lhe se ele sofrera antes de morrer. Demonstrando certa surpresa, ela disse que meu amigo levara três tiros de fuzil, os quais destruíram coração, fígado e pulmão. A morte teria sido instantânea em tais condições. 'Mas, doutora', continuei, espantado, 'ele conversou comigo depois que ouvimos os disparos de fuzil e me chamou para entrar no buraco em que morreu'. A médica, com um olhar compreensivo, mas cético, respondeu, secamente: 'Monteiro, seria impossível que seu amigo o chamasse depois de ter recebido os disparos. A morte dele foi instantânea.'

"Ao ouvir essa afirmação, comecei a me lembrar do tempo em que Jessé pregava o santo Evangelho, convidando-me para visitar a sua igreja. Sempre relutei, e dizia que um dia eu iria com ele. Agora, depois da morte de Jessé, passei a conhecer a Palavra de Deus e seguir o seu caminho. Deus precisou usar o meu amigo, morto, para me levar para perto dele."

Subtenente André Monteiro

> *"Ora, àquele que é poderoso de vos guardar de tropeçar e apresentar-vos jubilosos e imaculados diante da sua glória, ao único Deus, nosso Salvador, por Jesus Cristo, o nosso Senhor, glória, majestade, domínio e poder, antes de todos os séculos, agora e para todo o sempre. Amém!"* (Judas 1.24-25)

Questão de vida ou morte!

Longe de mim querer ser politicamente correto e deixar a verdade do evangelho de lado. Não seria servo de Cristo. Sei que muitas pessoas ignoram esse assunto, porém não posso deixar de falar devido a sua relevância. Eu me refiro à eternidade. A nossa vida é uma jornada, curta e cheia de surpresas. Tiago, que foi chamado por Paulo de coluna da igreja de Jerusalém, fala-nos que a nossa vida é como um vapor que aparece por um momento e logo se desvanece.

Camaradas, um dia a nossa jornada terá um fim, e então passaremos para a eternidade. Jesus fala que nessa jornada existem apenas dois caminhos. Um apertado, que conduz à vida, e outro espaçoso, que conduz à perdição. E o autor da vida ainda nos convida a andarmos por esse caminho apertado, a entrarmos pela porta estreita. E, apesar das dificuldades mil que encontraremos, ele mesmo nos promete que estará conosco todos os dias até a consumação dos séculos: "Entrai pela porta estreita. Pois larga é a porta e espaçoso o caminho que leva à perdição, e muitos são os que entram por ela. Como é estreita a porta, e apertado o caminho que leva para a vida! Poucos são os que a encontram." (Mateus 7.13-14)

Abaixo a paráfrase que Eugene H. Peterson registrou:

"Não procurem atalhos para Deus. O mercado está transbordando de fórmulas fáceis e infalíveis para uma vida bem-sucedida que podem ser aplicadas em seu tempo livre. Não caiam nesse golpe, ainda que multidões o recomendem. O caminho para a vida – para Deus! – é difícil e requer dedicação total."

"Há caminho que parece inofensivo, mas todo cuidado é pouco: leva direto para a morte." (Provérbios 16.25)

Disse Jesus: *"Eu sou o caminho, a verdade e a vida. Ninguém vem ao Pai, a não ser por mim."* (João 14.6)

Aquele que foi manifestado em corpo, justificado em Espírito, visto pelos anjos, pregado entre as nações, crido no mundo, recebido na glória. Sim, Jesus! Ele é o caminho, a verdade e a vida. Hoje, de forma incansável, ele convida você mais uma vez a trilhar esse caminho que o conduz à vida eterna.

Não importa quem você é, ou o que você fez. E, ainda que o seu coração o condene, trazendo lembranças horríveis. Deus é maior! Jesus quer transformar a sua vida. Jesus quer dar Vida a sua vida e fazer de você uma nova criatura. Finalizo esta singela obra com as palavras do Senhor Jesus:

"Porque Deus amou o mundo de tal maneira que deu o seu Filho unigênito, para que todo aquele que nele crê não pereça, mas tenha a vida eterna." (João 3.16)

"Todo aquele que crê no Filho tem a vida eterna, mas todo aquele que rejeita o filho não verá a vida, pois sobre ele permanece a ira de Deus." (João 3.36)

"Quem ouve a minha palavra e crê naquele que me enviou tem a vida eterna, não entra em juízo, mas passou da morte para a vida." (João 5.24b)

Amém!!

REFERÊNCIAS BIBLIOGRÁFICAS

Bíblia de Estudo NVI. Editora Vida, 2011.

Bíblia de Estudo MacArthur. SBB, 2011.

Bíblia King James Atualizada – KJA. Abba Press, 1999.

Bíblia Thompson – Almeida Edição Contemporânea Revisada. Editora Vida, 1990.

GRECO, Rogério. *Atividade Policial*. Editora Impetus, 2013.

HILL, Napoleon. *A Lei do Triunfo*. Editora José Olympio, 2016.

LIETH, Norberth. *Conheça Jesus – Único, Incomparável, Maravilhoso*. Actual Edições, 2000.

LOPES, Hernandes D. *Dinheiro a prosperidade que vem de Deus*. Editora Hagnos, 2009.

PETERSON, Eugene H. *A Mensagem*. Editora Vida, 2011.

RICHARDS, Lawrence O. *Comentário Histórico-Cultural do Novo Testamento*. CPAD, 2008.